7
LK 453.

LA VÉRITÉ

SUR

L'AVENIR

DU PORT D'ARLES

Par A. TARDIEU.

Il y a plusieurs années, déjà, sous l'empire du pressant besoin d'accélérer le transport des céréales vers l'intérieur de la France, l'amélioration des embouchures du Rhône, agitée tant de fois et depuis tant de siècles, fut, de nouveau, sérieusement remise à l'étude.

Il s'agissait alors comme aujourd'hui de savoir si le cours de ce fleuve pouvait être rendu accessible aux navires de mer du grand cabotage.

Une foule d'hommes spéciaux, des hommes de génie, tels que Vauban, sous Louis XIV, et entre tous le Grand

Napoléon lui-même, s'étaient, chacun en leur temps, prononcés sur cette grave question.

Adopter en cet état de choses, une opinion contraire à celle exprimée par eux, eut été peu sage ; aussi jugea-t-on convenable d'adjoindre a l'ingénieur chargé de cette importante étude, une commission choisie parmi les hommes les plus éclairés du pays.

Naturellement les plus anciens capitaines-marins du port d'Arles, dûrent faire partie de cette commission. Qui aurait-on pu, en effet, consulter avec plus de fruit, sur les besoins de la navigation que ces hommes pratiques ?

Leur longue expérience, la connaissance exacte qu'ils avaient de ces lieux, devait rendre leur opinion respectable.

Ils se prononcèrent en faveur de l'amélioration pure et simple des embouchures du fleuve. Selon eux elle devait suffire pour mettre le port d'Arles en communication permanente avec la mer.

Il faut convenir, en se plaçant à leur point de vue, qu'ils avaient raison.

En possession du monopole pour ainsi dire exclusif de la navigation du Rhône maritime, devaient-ils se préoccuper des besoins du grand cabotage ? Devaient-ils songer à modifier la structure de leurs allèges à fonds plat, voilés à la latine, lorsque l'amélioration de la passe du Rhône faisait disparaître le seul obstacle qui les gênât, et que l'accès du port d'Arles, leur devenant des plus faciles, n'en demeurait pas moins, comme par le passé, interdit aux navires d'un tonnage plus élevé ?

Telle n'eût pas été, leur manière d'envisager la question, s'ils avaient pu prévoir le coup que devaient simultanément porter à leur industrie le chemin de fer et les immenses chalands qui, remorqués par des vapeurs, naviguent aujourd'hui sans équipage.

Vers ce même temps et pour venir en aide à cette opinion fondée sur un intérêt mal entendu, des recherches sur l'état ancien des embouchures du Rhône, rappelèrent que, du temps d'Auguste, les flottes Romaines, stationnant dans la Méditerranée, remontaient jusqu'à Arles, et qu'il en était de même au moyen-âge des flottes Génoises et Pisanes.

L'auteur de ces recherches se proposait, sans doute, d'établir qu'il était honteux pour notre époque de considérer comme impossible l'arrivée des gros navires de commerce, là où des navires de guerre venaient, autrefois jeter l'ancre.

Mais si au lieu de se borner à signaler quelques faits historiques, il les avait complété par des développements archéologiques indispensables, il lui eût été facile de reconnaître que les navires de guerre de l'antiquité, comme ceux du moyen-âge *(naves longœ* ou *rotundœ)*, étaient des navires ras d'eau, de faible calaison, naviguant plutôt à la rame qu'à la voile ; qu'ils étaient inférieurs, de tous points, aux caboteurs actuels remontant le Rhône en toute saison, et que, par conséquent, il ne suffisait pas de constater la présence, des galères Romaines, Génoises ou Pisanes dans les eaux du Rhône, pour démontrer que le cours de ce fleuve et ses embouchures elles-mêmes, avaient été jamais d'un accès plus facile qu'elles ne le sont aujourd'hui.

Toutefois, l'opinion des caboteurs du port d'Arles, ainsi étayée, prévalut, et deux projets furent simultanément rédigés dans le sens le plus favorable à l'amélioration des embouchures.

Chacun sait que leur endiguement exécuté depuis n'a pas amené tout le résultat qu'on en attendait.

En vain la commission s'est-elle efforcée maintes fois de prouver le contraire. En vain devons-nous reconnaître avec elle que l'élévation de la terre obstruant l'entrée du fleuve, brisée par la concentration du courant, dans un seul bras, a sensiblement diminué à l'endroit où elle se formait primitivement. Il faudra bien qu'elle convienne, à son tour, qu'il s'en forme, dès à présent, et s'en formera toujours une nouvelle successivement remplacée par une autre qui devra se former dès que le prolongement, même indéfini, des digues longitudinales cessera de resserrer le volume d'eau nécessaire pour l'entamer et la faire disparaître.

Passons maintenant à ce canal Saint-Louis, destiné, s'écrie-t-on, à trancher, enfin, la difficulté.

Mais auparavant qu'il nous soit permis de redresser l'erreur des partisans de ce canal à l'endroit de l'état agricole du territoire d'Arles.

Le Plan-du-Bourg et la Camargue, disent-ils (1), sont incultes et déserts. Leur terrain d'une fécondité merveilleuse y est appelé à devenir la terre promise de la France, le jour où l'esprit d'entreprise s'y portera vers les exploitations agricoles.

Nous désirons plus que personne voir se réaliser ce patriotique souhait. Mais la Camargue et le plan-du-Bourg, ne sont point pour cela incultes ni déserts ; ils

(1) Journal le *Siècle*.

sont, au contraire, relativement, merveilleusement cultivés. Il y a chez eux tout un système rationnel de culture, basé sur l'état du sol et les circonstances climatériques qui le gouvernent.

Et puisque ces Messieurs appellent de tous leurs vœux des associations agricoles, nous sommes forcés de leur répondre qu'il nous a été donné d'en voir bon nombre à l'œuvre, et que, s'il y a quelque chose de désert et d'inculte dans la Camargue ou dans le plan-du-Bourg, c'est précisément la portion de ce territoire dans laquelle ces associations ont enfoui leurs millions.

Nous ne citerons qu'un exemple, c'est le vaste domaine de l'Eysselle, appartenant à M. H. Peutt, éditeur des annales de la colonisation Algérienne.

M. H. Peutt, est, dit-on aussi, le promoteur de ce canal Saint-Louis, qui doit résoudre les difficultés de la navigation du Bas-Rhône.

Pour nous, nous croyons plus volontier que ce canal Saint-Louis, devant traverser les terres arides du domaine de l'Eysselle soit appelé, avant tout, à résoudre le problème de la colonisation de ce vaste domaine.

On devra, en effet, créer là une ville, un port, des Docks, etc. etc.

Tout cela, il faut en convenir, pourra bien satisfaire quelques riches industriels possesseurs de remorqueurs et de chalands ; mais, qu'aura à y gagner l'intérêt général de la navigation ? Qu'auront surtout à y gagner la marine et le port d'Arles ?

Ne nous laissons pas éblouir par un fastueux étalage de chiffres sur le nombre et le tonnage des navires appelés, dit-on, à transiter par ce canal. Débarrassons-nous, d'autre part, des données abstraites de la science, et examinons ce projet de canal au point de vue de son utilité pratique sans nous préoccuper de sa confection.

Nous n'hésitons pas à déclarer que jamais un navire de grand cabotage ne viendra tenter l'atterrage de la côte sur laquelle devra déboucher ce canal, pas plus qu'il ne tenterait celui des plages qui avoisinent les embouchures du Rhône, y eut-il, dans l'étroit chenal de la passe de ce fleuve, la profondeur d'eau nécessaire pour le recevoir.

S'il y en vient un, c'est qu'il y sera poussé par la tempête, comme cela arrive tant de fois aujourd'hui.

Car le mouillage sur ce littoral et dans tout le golfe de Foz, lui-même, n'est pas, quoiqu'on en dise, d'un facile accès.

S'il y vente du nord, du nord-ouest ou de l'ouest, la brise est opposée au courant Méditerranéen, qui à partir du cap Couronne, se dirige vers le nord-ouest. Les vagues s'y élèvent, dans ce cas, à une hauteur prodigieuse. Comme il y a peu de profondeur la lame y est courte, creuse, saccadée, de sorte qu'il est périlleux d'y louvoyer pour venir à l'atterrage d'une côte, d'ailleurs basse et pour ainsi dire invisible, ne s'annonçant au loin que par des brisants et des tourbillons de sable.

A mesure qu'on essaie d'en approcher, on dirait que le vent et la mer s'en disputent l'accès.

On a ajouté que ce même golfe de Foz est abrité par le cap Couronne du côté de l'est, et des coups de mer de l'ouest par les embouchures du Rhône.

Mais quel est le marin qui ne sait pas que tous les vents compris entre l'est et l'ouest passant par le sud, y sont également à redouter? Lorsqu'ils y soufflent, la difficulté d'atterrir se change en un inévitable danger d'échouage.

Le cap Couronne n'empêche point la mer du levant de s'amonceler jusqu'aux nues dans ce golfe, et nous ne sachons pas que, par un gros temps, un navire quelconque y ait jamais trouvé un refuge.

Les périls que nous signalons seraient évidemment moins à redouter pour des navires à vapeur. A l'aide de leurs puissantes machines, ces bâtiments bien que sous ventes, conserveraient quelques chances de s'arracher à la côte ; mais un navire à voiles, mettrait-il tout dehors au plus près du vent, qu'il ne saurait se soustraire à ce danger dans une si faible profondeur d'eau, au milieu de terribles coups de mer, ayant à lutter, de plus, contre une combinaison de courants.

Et cette combinaison de courants se reproduit sans cesse, par n'importe quel vent, qu'il passe par le nord ou par le sud.

Cela étonnera peut-être, ceux qui affirment que les eaux de la Méditerranée marchent à gauche pour un observateur placé vers le centre de chaque bassin ; que le courant y est déterminé par la rotation de la terre, etc. (1); « que ce courant entre par le détroit de Gibral-
» tar, suit les côtes d'Afrique, et revient ensuite sur lui-
» même le long des côtes de l'Europe, en recueillant au
» passage les courants sortis de l'Hellespont et de l'A-
» driatique. » (2)

(1) Académie des sciences.
(2) Mémoire de M. Surrell.

Ce que nous avançons n'en est pas moins rigoureusement vrai.

Et d'abord, le courant Méditerranéen est déterminé, non par la rotation de la terre, mais par l'impulsion imprimée originairement à ses eaux et combinée, soit avec le mouvement des marées de Gibraltar, soit avec la configuration des côtes, c'est-à-dire avec les diverses résistances.

La Méditerranée n'est rien moins qu'un lac ; c'est le développement sur une immense surface, d'un fleuve, dont l'embouchure est au détroit de Gibraltar et dont la source principale est celle du Danube, ayant pour affluents principaux le Dnieper, le Dos, le Nil, le Rhône, etc., etc.

« Si l'on se donne la peine, dit le savant dont nous
» exprimons ici l'opinion, de grouper avec soin les
» observations, et de même qu'on peut suivre le cours
» du Rhône, à travers le lac de Genève, on s'assurera
» que la mer Noire, la mer de Marmara, l'Archipel et la
» Méditerranée, sont traversées par un courant qui se
» dirige vers le détroit de Gibraltar, et que dans chaque
» recoin du vaste lit de cet immense fleuve il existe tout
» autant de remous de directions différentes que le cir-
» cuit des côtes oppose de genres de résistances; qu'ainsi
» le courant de l'Adriatique ou de l'Archipel se fait
» peut-être en sens inverse de celui de la moitié est de

» la mer Noire ; et que le courant du golfe de Lyon, a
» lieu dans un autre sens que celui de la grande Syrte,
» etc., etc. » (1)

Il n'est pas un pêcheur, pas un marin qui n'ait observé ce phénomène sur nos côtes. Il s'y produit partout, en-deçà comme au-delà de tous les points du rivage faisant saillie dans la mer ; en-deçà comme au-delà du cap Couronne, en-deçà comme au-delà des embouchures du Grand-Rhône, de la pointe des sablons vers Beauduc, de la pointe formée par les embouchures du Petit-Rhône, de celle de la Pinède, etc., etc.

Les remous s'y font sentir avec autant de puissance que le long du cours du Rhône, ou tout autre cours d'eau, où chacun a pu apprécier, nonobstant la violence du courant principal, la direction contraire des remous.

Mais cela n'est pas tout : sur notre littoral il faut aussi tenir compte des lignes de courants qui s'établissent accidentellement entre les étangs de la côte et la mer, et vice-versâ, selon que le niveau de ces étangs, sous une influence atmosphérique quelconque, s'élève ou s'abaisse par rapport au niveau de la mer elle-même.

Dans le premier cas, et lorsque le nord-ouest succède

(1) Raspail.

brusquement à une série de vents d'est, de sud-est, de sud ou de sud-ouest, les eaux qui sortent pressées des graus de ces étangs, combinent leur action avec les remous ou contre-courants occasionnés par les aspérités de la côte, jusqu'à l'endroit où le courant Méditerranéen, les neutralise tous.

Dans le second cas, et à une assez grande distance au large un marin peu pratique de la côte, s'étonne d'éprouver vers la plage une attraction de laquelle il lui est difficile de bien se rendre compte.

Nous pourrions citer une multitude d'exemples de l'irrésistibilité de cette attraction.

Ces détails doivent suffire à expliquer pourquoi, malgré tant d'assertions contraires, malgré la direction bien constatée d'est en ouest, d'un courant principal, les troubles du Rhône, comblent de jour en jour, quoique lentement, le golfe de Foz. (1)

On ne saurait attribuer d'autre cause que ces contre-courants, à la formation des hauts-fonds à l'ouest du port de Bouc, à l'agrandissement successif des *Cavaous*

---

(1) Depuis l'exécution des travaux aux embouchures, c'est-à-dire depuis la fermeture du Grau de l'ouest, l'envasement du golfe de Fos, marche chaque jour plus rapidement.

à l'ouest de Foz, à l'agrandissement plus rapide encore des theys de Brule-Tabac et du Pegoulier.

Il suffit, à cet égard, de consulter les pêcheurs de la côte. Ils s'accordent tous pour désigner tel point du golfe aujourd'hui à peu près à sec où les tartanes des Martigues venaient, il n'y a pas bien longtemps encore, tendre leurs filets.

Tel sera tôt ou tard, quoiqu'on en dise, le sort de la baie du Repos.

Et à propos des périls et des obstacles que nous venons d'énumérer, objectera-t-on que les caboteurs du port d'Arles les affrontent tous les jours, et que le nombre des sinistres est moindre parmi eux, que sur une foule d'autres points ?

Nous répondrons que ces caboteurs ne s'amarinent d'ordinaire que par un *temps fait ;* qu'ils sont voilés à la latine, voilure des plus favorables pour pincer le vent, que leur faible calaison leur permet de passer sur les hauts-fonds de cap en cap, toujours en vue des côtes, de sorte que si un grain s'élève de l'horizon, leurs frêles barques trouvent un refuge dans les innombrables échancrures de la côte inaccessibles aux navires d'un tonnage plus élevé.

Au surplus la statistique des naufrages sur le littoral

Méditerranéen revendique la plus large part dans cet espace si restreint s'étendant depuis le port de Bouc jusqu'au delà d'Aigues-Mortes.

Selon nous, donc, que l'on exécute le canal St-Louis ou que l'on poursuive les travaux d'amélioration aux embouchures du Rhône, on ne réussira jamais à y attirer les gros navires venant du large, dût-on améliorer le cours du fleuve tout entier, de façon à le rendre navigable pour ces mêmes navires.

Des documents officiels récents nous ont appris que la masse des eaux, resserrée aux embouchures, avait à peine entamé la barre qui y élève le travail incessant de la mer.

Nous ne nierons pas que l'endiguement et le resserrement du cours du fleuve puisse amener en amont et tant qu'il y aura pente, un résultat plus satisfaisant.

Mais alors, une question nouvelle surgira ; question du plus haut intérêt pour la ville d'Arles, laquelle, quoiqu'on ait pu dire de son territoire et de son état d'abandon est essentiellement agricole.

Ces terres que l'on se plaît à considérer comme désertes et incultes, écrasées d'impôts, contribuent de tous leurs efforts et de temps immémorial à l'entretien de digues qui ont assuré jusqu'à ce jour, au cours du fleuve une direction stable. De temps à autre ces digues renversées par le cours impétueux du fleuve qui déborde et menace de changer son lit, sont relevées aux frais de ces mêmes terres.

Or, si on resserre la masse des eaux dans de nouvelles digues pour donner au lit du fleuve, déjà insuffisant, une plus grande profondeur, qu'en adviendra-t-il ? Les chances de rupture ne se multiplieront-elles pas à l'infini en raison directe du resserrement de ses bords ? Il faudra bien, pourtant, que les 17 millions de mètres cubes d'alluvion que le Rhône charrie chaque année, trouvent passage dans ce lit ainsi resserré ; et, au lieu d'atteindre le but proposé, n'est-il pas à craindre que cette masse énorme, déposée dans une espace plus restreint, n'exhausse bientôt le niveau du lit, de sorte que dans un temps donné, ce niveau domine celui des terres voisines, lesquelles devront rester ainsi, éternellement exposées à être emportées par les eaux ?

L'exécution de ces deux projets serait donc, non pas seulement inefficace, pour rendre le port d'Arles à la vie, mais encore pleine de dangers.

Pourquoi de préférence, ne pas compléter la pensée de Napoléon-le-Grand, en mettant le canal d'Arles à Bouc en rapport avec les besoins actuels de la navigation, en faisant en un mot par cette voie, venir la mer à Arles.

Aux deux points extrêmes de ce canal tout est fait, rien n'est à créer. Sur la Méditerranée le port de Bouc, avec sa côte de l'est si accore, offre aux navires venant du large, cette facilité d'atterrage qu'on chercherait vainement sur les plages de la Camargue et de la baie du Repos. Sur le Rhône, le port d'Arles ne tarderait pas à prendre tout le développement que nécessiterait l'affluence des navires de mer, à la suite du percement de l'isthme de Suez.

On s'est écrié que ce serait là une entreprise ruineuse, mieux encore, que ce serait la substitution du port de Bouc, au port d'Arles; que les navires de mer, venant mouiller à Bouc, au lieu d'emprunter la voie du canal pour remonter jusqu'à Arles, livreraient leur cargaison à la voie ferrée devant relier bien vite, ce port au chemin de fer de Lyon à la Méditerranée.

Cette objection est selon nous, dénuée de fondement, qu'on veuille bien considérer, en effet, que le prix du fret sera le même pour le port d'Arles, que pour celui de Bouc ou celui de Marseille, le jour où les navires pourront arriver sans encombre au premier, et on sera forcé de convenir que la substitution qu'on redoute ne saurait avoir lieu. Car si les marchandises destinées à l'intérieur de la France ou à transiter par ce pays, doivent emprunter la voie du chemin de fer, le prix du fret étant le même pour les trois ports ci-dessus désignés, il tombe sous les sens que le commerce trouvera avantage à noliser les navires pour celui de ces ports dont la position topographique permettra de réaliser le plus d'économie possible sur les frais de transport par la voie ferrée.

Or, le port de Marseille, se trouve plus éloigné de Lyon que le port d'Arles, de 84 kilomètres. Donc les marchandises débarquées à Marseille, auront à payer de plus que celles débarquées à Arles, les frais de chemin de fer sur 84 kil.

Quant au port de Bouc, en admettant qu'un embranchement dût le relier de suite, à la ligne de Lyon à la Méditerranée, il n'en resterait pas moins plus éloigné qu'Arles de Lyon, d'environ 45 kilomètres. De sorte que les marchandises débarquées à Bouc, toute destination égale d'ailleurs, auraient à supporter de plus que celles débarquées à Arles, les frais de transport sur 45 kil. de voie ferrée.

Cette économie de frais de transport à l'avantage du port d'Arles, serait-elle bien à dédaigner à une époque où la réduction des distances, et par suite des frais de transport, résume toutes les préoccupations commerciales ? On ne saurait le supposer sérieusement.

— 18 —

Et pour en revenir à cette substitution tant redoutée, ne dirait-on pas que les petites localités aient jamais absorbé les grands centres ? Si cela était, le Havre sur la Seine, Bordeaux sur la Garonne, Nantes sur la Loire, Londres sur la Tamise, etc., n'auraient qu'à se bien tenir.

Nous le répétons ces craintes sont chimériques.

Le creusement et l'agrandissement du canal d'Arles à Bouc, en mettant le port d'Arles en communication sérieuse et permanente avec la mer, n'opérerait point la substitution du port de Bouc au port d'Arles. Ce serait encore moins une entreprise ruineuse ; car, quel qu'en pût être le prix, on serait certain, au moins, de poursuivre un but plus raisonnable que celui d'enfouir des millions dans les sables de l'Eysselle, pour permettre à la batellerie à vapeur du Rhône, de soutenir quelque temps encore une lutte inégale contre son puissant voisin.

Et quant à ce qui touche l'amélioration du Bas-Rhône, nous compléterons notre pensée en ajoutant que la marine d'Arles, ou plutôt ce qui survit de notre cabotage, naguère si florissant, serait entièrement anéanti le jour, où ce Bas-Rhône serait approfondi. Tout le cabotage de la Méditerranée, grand et petit, chacun le sait, a été ruiné sur tous les points par les compagnies de bateaux à vapeur et les chemins de fer. Si celui d'Arles donne encore quelque signe de vie, c'est grâce aux difficultés que rencontrent pour naviguer dans le Bas-Rhône, des chalands immenses, nous avons dit ailleurs naviguant sans équipage. Le jour où ces obstacles disparaîtront, le cabotage d'Arles, aura cessé de vivre.

Ira-t-il, pour soutenir une concurrence impossible augmenter, sans réflexion, le tonnage de ses navires ? Mais avant que cette transformation soit opérée, il est clair comme le jour que le faible transit entre les différents points de la côte et l'intérieur n'empruntant pas la voie ferrée, sera monopolisé par quelques riches industriels.

Il ne lui restera d'autre alternative que celle d'armer pour le long cours. Le fera-t-il en vue des avantages offerts à cette navigation par le canal Saint-Louis ? Le fera-t-il pour venir affronter avec des navires de haut-bord, les plages qui s'étendent au loin à droite et à gauche des embouchures du Rhône amélioré ?

Nous avons une trop haute opinion du bon sens et des connaissances pratiques des marins nos compatriotes pour ne pas repousser de leur part, une pareille supposition.

Ils savent mieux que nous qu'il n'y a qu'un moyen

pour mettre le port d'Arles, en communication permanente avec la mer. Ce moyen consiste tout simplement, à relier le Rhône avec un point quelconque de la côte d'un atterrage facile et offrant toutes les garanties désirables pour un bon mouillage.

Ce point de la côte doit être rigoureusement accore, élevé, dans toute autre condition, enfin, que cette plage redoutée sur laquelle on se propose follement de créer des merveilles.

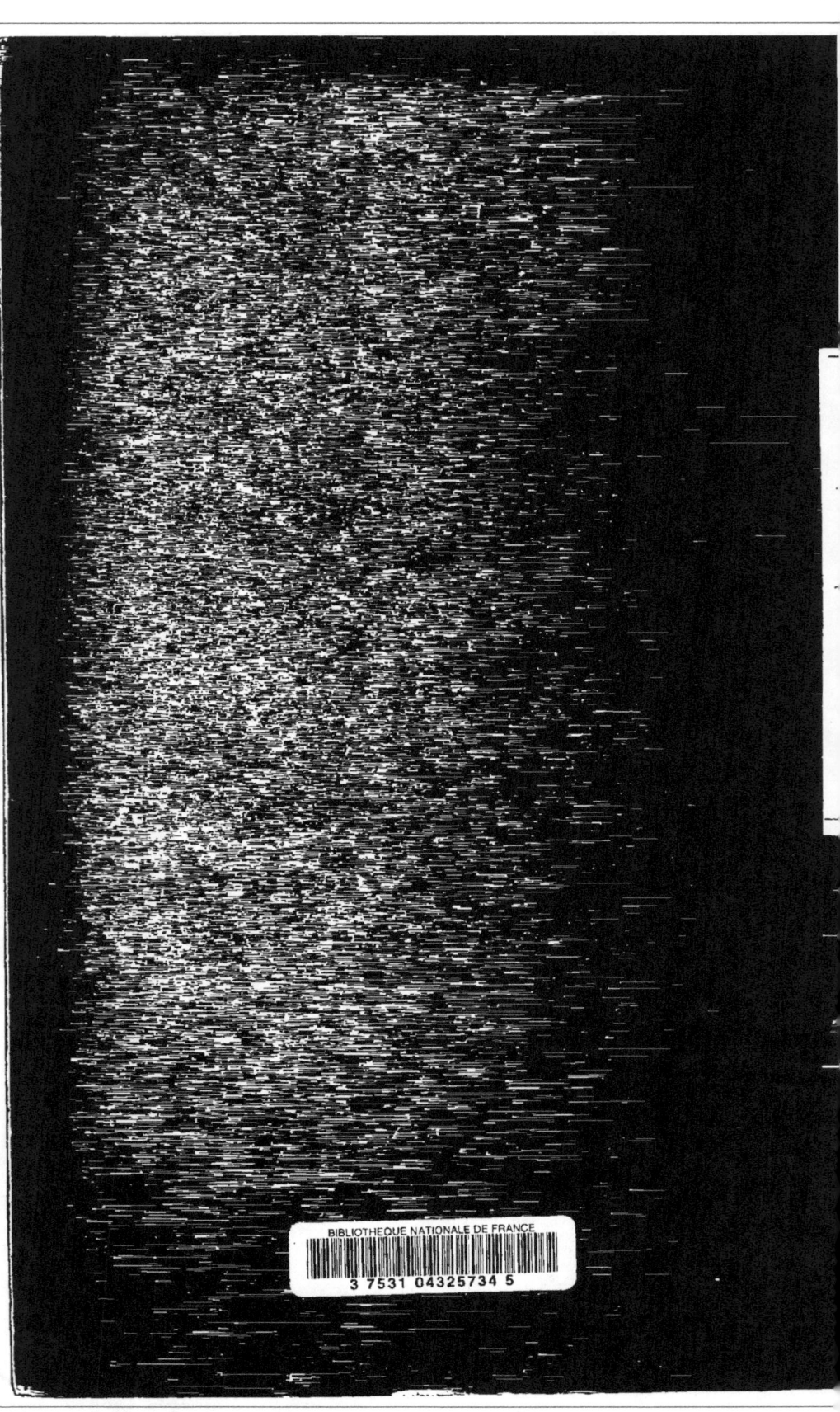

www.ingramcontent.com/pod-product-compliance
Lightning Source LLC
Chambersburg PA
CBHW060629050426
42451CB00012B/2501